NOUVELLE RÉPONSE

DU PRINCE DES ISRAÉLITES

ROTHSCHILD I.ᴱᴿ

A UN PAMPHLÉTAIRE;

Suivie d'une Dissertation sur la Catastrophe
du 8 Juillet.

« Suum cuique. »

PAR M. P. DE R....

PRIX : 30 CENTIMES.

PARIS.

A. GRÉGOIRE, LIBRAIRE-ÉDITEUR,

Rue Saint-Martin, 257.

1846.

IMPRIMERIE DE PH. CORDIER,
rue du Ponceau, 24.

NOUVELLE RÉPONSE

DU PRINCE DES ISRAÉLITES

ROTHSCHILD IER

A UN PAMPHLÉTAIRE.

« Suum cuique. »

Nou n'avons pas mission de M. Rothschild pour entrer dans l'arène où un obscure pamphlétaire vient de lui jeter le gant sans oser se présenter devant son ennemi qu'il attaque par un pseudonyme. Mais nous avons une mission intime à remplir ; celle de rétablir la vérité, de dire les choses telles qu'elles sont, et de repousser de toute nos forces les insinuations odieuses, jetées dans les esprits faibles, à la face de la France, sur le compte de l'un de ses plus grands citoyens ; cette mission est celle de l'honnête homme, nous n'hésitons pas à l'accepter.

Il fut un temps où les Athéniens élevaient des statues à la calomnie ; grâce aux mœurs de nos jours, vous n'aurez pas de statue, Monsieur le pamphlétaire, c'est de l'injustice, direz-vous, car vous en méritez bien une, mais notre siècle ne le veux pas : *sic vos non vobis.*

En abordant votre écrit, nous ne savons pas trop comment le prendre ; nous commençons, nous lisons, nous relisons, mais au milieu de tout ce galimathias de paroles, *de dynastie, de Cornes de Moïse, de Napoléon et de Louis XVI,* qui doivent être fort étonnés de se trouver là, par votre invention, *de la manne électorale, de tableaux rouges, bleus et jaunes à tant la toise,* de tous vos *hélas!* et de la calomnie que vous assumez sur les électeurs *qui reçoivent les faveurs de M. Fould,* nous ne savons pas si nous devons continuer notre tâche, car on se salit les mains en touchant une pareille brochure, on se ternit la vue en la lisant et l'on perd son temps et son esprit en cherchant à la comprendre :

« Soyez plutôt maçon si c'est votre métier. »

« *Avant d'être Roi, Rothschild Ier fut le pre-*

» *mier Baron….. juif de l'Europe,* etc. » Vous avez bien mordu à l'hameçon, M. le pamphlétaire, en prenant le mot *Roi* au sérieux, M. de Rothschild, en homme d'esprit, a dû beaucoup rire lorsque la premiere fois quelques niais de Paris lu décernèrent cette royauté financière ; quant à ses titres de noblesse il y aurait mauvaise foi à les contester ; la noblesse allemande a toujours valu la noblesse française et en ce qui concerne la religion, qu'on soit israélite, protestant, catholique ou quaker, on a droit au respect et à l'admiration des hommes quand on marche dignement dans la voie d'une conscience pure, et que l'on fait le bien sans s'inquiéter à qui on le fait. Vous répondrez à cela, comme d'autres personnes mal informées, que M. de Rothschild, ne fait de bien qu'à ses coreligionnaires ; qu'il a fondé un hospice à Paris, où beaucoup d'Israélites malades vont retrouver la force et la santé ; qu'il a pourvu d'emplois un grand nombre de ceux qui professent sa religion, que chaque jour ses nombreuses munificences s'étendent sur eux. C'est déjà beaucoup, cela, Monsieur, et nous ne voyons pas trop que dans notre religion, à laquelle nous tenons beaucoup aussi, ces exemples là soient fréquemment imités. Mais il y a erreur dans cette assertion, M. Rothschild a étendu ses bienfaits sur toutes les classes, sur toutes les religions, sur toutes les infortunes quand il les a connues ; c'est là une page brillante de son histoire qui lui fera autant d'honneur que ses grands et gigantesques travaux.

Nous reviendrons tout à l'heure sur M. de Rothschild, car nous devons dire aussi quelques mots de M. Fould, auquel vous vous faites l'honneur de parler, nous doutons qu'il vous fasse l'honneur de vous répondre. Quel est donc le démon qui vous possède, Monsieur ! pour attaquer ainsi un nom respectable, connu, comme celui de M. de Rothschild, par les services qu'il a rendus au commerce, à l'agriculture, à l'industrie, aux sciences? Quand M. Fould fut nommé député, il le dut à la grande majorité du collége où il se présenta (1) ; les nombreuses voix qu'il eut, lui furent acquises par son mérite

(1) Basses-Pyrénées.

personnel , par sa position et par cette modé-
ration politique qui l'a toujours tenu éloigné
des brouillons et des intrigants. *Son caissier,
dites-vous , sait bien ce qu'il en a coûte ;* nous
doutons que le caissier de M. Fould vous ait
jamais montré les livres où vous avez puisé
cette calomnie. Quant aux électeurs , vous les
calomniez également , nous les croyons trop
gens d'honneur pour avoir accepté de semblables propositions si elles avaient été faites.
Pour ce qui regarde l'honorable famille Fould ,
il y a chez vous un dégoûtant cynisme à cher-
cher à la tourner en ridicule par des épithètes
puériles qui ne vont ni à sa taille ni à son rang, et
qui ne peuvent que retomber sur celui qui les
prodigue si grossièrement.

Revenons à M. de Rothschild.

La généalogie du noble Baron semble vous
étonner ; qui y a-t-il donc là d'étonnant? Ne
faut-il pas qu'on soit le fils de son père? Ne
faut-il pas qu'une grande famille travaille à
son avenir, à son bien être; quand elle réussit
tant mieux, il n'y a que la basse jalousie qui en
meurt de dépit, et ne réussirait-elle pas , elle
aura toujours mieux fait que de s'occuper

à entasser calomnies sur mensonges et mensonges sur calomnies dans un écrit qui ne vivra pas une heure à côté de l'immense réputation qu'il ose attaquer.

Nous connaissions comme vous, Monsieur, l'anecdote du Landgrave de Hesse et la belle conduite de la maison Rothschild en cette circonstance ; tout cela nous était parfaitement connu, mais ce qui ne nous était pas venu à l'idée, c'était qu'on put jeter du ridicule sur une action qui en tous les temps, dans tous les pays du monde, honore ceux qu'elle fait connaître et qui en sont les auteurs. Par le temps qui court, Monsieur, pensez-vous qu'on reçoive toujours le capital chez certains individus ? Nous ne parlons pas des intérêts, c'est trop minime, nous devrions pourtant en parler, car ils nous ont valu dans votre brochure trois magnifiques points d'exclamation ! ! !

Vous dites que la maison Rothschild a prêté des sommes considérables aux *maisons* impériales de Russie et d'Autriche, aux *maisons* royales d'Angleterre et de Prusse ? Mon dieu ! qu'est-ce que cela prouve. sinon qu'on est dans la possibilité de le faire, et en cette matière, il vaut encore mieux être le prêteur que l'emprunteur.

Quant aux allégations que vous émettez : « *que les millions des frères Rothschild payèrent,* « *en 1814 et en 1815, bien des trahisons,* » vous en avez sans doute acquis la preuve par le caissier de la maison comme vous l'avez eue chez le caissier de M. Fould lors des élections !

Votre colère, Monsieur, ne s'étend pas seulement à M. de Rothschild et à M. Fould, la voilà qui va frapper les employés du ministère par ces foudroyantes paroles :

« MM. les Scribes du Ministère-Guizot tail- « lez vos plumes en l'honneur des Rothschild ; « ils se sont enrichis et *ils ont mis leur or au* « *service de la coalition des rois. Et s'ils sont* « *restés chez nous,* ils y sont restés comme la « sangsue reste sur la veine de l'homme ! »

En vérité, n'est-ce pas là de la démence, et ce n'est pas chez nous, en effet, qu'il faut rester quand on écrit de telles choses, c'est à Charenton.

Le reproche que vous faites à MM. de

Rothschild de jouir de l'amitié des souverains, de porter sur leurs poitrines leurs ordres, leurs insignes, d'entrer dans leurs conseils, loin de leur être hostiles ne prouve que le mérite des premiers et la reconnaissance des autres; il n'y a donc là dedans rien que de fort honorable pour tous.

Vous osez dire encore page 12 et 13 de votre pamphlet ces étranges paroles : « *Dans une « biographie payée par M. James Roths- « child, etc.* » Ah! Monsieur, vous n'avez pas compris la portée de l'expression ; non, vous ne l'avez pas comprise, ou vous connaissez mal l'auteur et le héros, et cependant la biographie du noble baron est dans toutes les bouches, dans tous les cœurs, et les citations que vous faites et que vous ridiculisez sont toutes à sa louange comme elles devaient l'être, écrites qu'elles sont avec impartialité, jamais M. de Rothschild n'a influencé de son crédit ou de ses paroles la rédaction de l'article qui le concerne ; du reste M. de Rothschild peut se consoler de vos mauvaises interprétations ; la calomnie ne s'attache jamais à l'homme obscur, c'est ce qui nous fait penser que vous,

Monsieur, n'aurez jamais aucune réputation à écrire pour votre compte. —

Vous dites plus loin qu'après la signature des *odieux* « traités de 1815, *les Rothschild* « furent chargés par le gouvernement anglais « et par la plus grande partie des princes coa- « lisés du recouvrement de leurs créances sur « le gouvernement français. »

Qu'est-ce que cela prouve, Monsieur, sinon la grande confiance que l'Angleterre et les princes coalisés avaient en M. de Rothschild, confiance justement placée et qui ne s'est jamais démentie.

Les autres inculpations de ce genre ne valent pas la peine d'être réfutées, elles tombent d'elles-mêmes devant la vérité, et pour la prospérité des états au lieu de *l'ex-pulsion des Rothschild qui sont tant à craindre,* dites vous, nous faisons, nous, des vœux pour que de nouveaux grands capitalistes viennent répandre en Europe, pour le bonheur des nations, et leurs trésors et leur intelligence commerciale. En effet, quel est l'homme le plus utile à son pays, Monsieur? n'est-ce pas celui qui, par son immense fortune, emploie le plus de bras, surtout en temps de paix, où l'exhubérence des populations laisse tant de malheureux sans ouvrage et sans ressources ? tant de familles sans pain, qui bénissent la main tutélaire qui vient leur en offrir en échange de leur travail? N'est-ce pas l'homme dont la puissante fortune et l'intelligence savent créer ces grandes artères de fer qui vont sillonner la France et bientôt réunir sur le même sol toutes les nations continentales de l'Europe pour ne former, par le rapprochement, qu'une même société soumise aux mêmes mœurs, aux mêmes habitudes, pour la facilité des relations, et au même langage pour mieux s'aimer et se comprendre. Il n'y a que les égoïstes et les esprits étroits qui peuvent penser différemment; il n'y a que ces hommes que l'envie tue qui disent le contraire, semblables en cela à ce grec qui entrait en colère quand, au nom d'Aristides, on joignait celui de juste.

Les gens sensés font heureusement raison de toutes ces mauvaises passions qui atténuent la dignité de l'homme et qui l'empêchent de reconnaître le sublime où son intelligence bornée ne peut atteindre.

Vous parlez de la naissance de MM. de Rothschild? Il est cependant bien beau, dans la position élevée où se trouve cette grande et noble famille, d'être le fils de ses œuvres, et certes on ne peut refuser à M. James de Rothschild de faire un noble emploi de ses richesses; dernièrement encore il envoya 12,000 fr. aux douze arrondissements de Paris pour être répartis entre les classes malheureuses, peut-on nier cela? lorsque des listes de souscription circulent dans Paris, soit pour réparer les désastres occasionnés par un incendie, une inondation, ou pour soulager quelque grande infortune, le nom de M. de Rothschild est un des premiers qui frappe la vue. La sollicitude paternelle du financier va plus loin, car il habille chaque année, dans Paris une multitude de pauvres israélites et de chrétiens malheureux, et nous tenons de bonne source que M. Al..., demeurant rue Meslay, n'a d'autre emploi chez M. de Rothschild que s'enquérir de toutes les misères, de toutes les infortunes, afin de les soulager. A Boulogne, le nom du célèbre banquier est béni chez toutes les classes indigentes; c'est que là aussi s'étend son inépuisable bienfaisance; c'est que là aussi il est connu et apprécié. On trouve M. de Rothschild associé à tous les actes d'humanité comme à tous les travaux utiles qui peuvent assurer la grandeur et la prospérité du pays.

Comme M. de Rothschild ignore que nous écrivons ces lignes, que nous n'avons aucun mandat pour le faire, que nous ne possédons que peu de renseignements et que noùs n'écrivons que sur nos souvenirs, nous devons être considérablement en arrière sous le rapport de ses bonnes œuvres.

ÉVÈNEMENT DU 8 JUILLET.

Après avoir calomnié M. de Rothschild, il était tout naturel de montrer la catastrophe du chemin de fer du nord sous les couleurs les plus hyperboliques, d'en dénaturer les causes, de les attribuer à la cupidité, et de porter à l'extrême le nombre des victimes de cet accident, comme si le chiffre exact des morts, qui est de QUATORZE, ne suffisait pas à la sympathie et à la douleur de la nation. Mais il est des gens qui ne se plaisent que dans l'exagération parce que l'exagération, en politique comme en accidents, influe toujours sur les masses, du moins au premier moment : revenues de cette stupeur, de cet effroi passager, les masses calculent à leur tour, et tout l'échafaudage du récit tombe devant des vérités incontestables.

Au nombre de ces vérités peut-on révoquer en doute la lettre de M. le Maire de Fampoux ? De ce magistrat intègre, indépendant, qui, rendu le premier sur le théâtre du sinistre ne l'a abandonné que le dernier, et lorsque son ministère civil et son titre d'homme ne lui ont plus permis d'agir comme magistrat et comme citoyen. Eh bien qu'a dit M. le Maire de Fampoux ? Il a dit et affirmé que le nombre des victimes était effectivement de QUATORZE. Vous, Monsieur, vous en avez compté *trente-neuf* et *cinquante-six ou soixante blessés :* si vous étiez du convoi, nous pensons que la peur, du reste assez naturelle en cette circonstance, vous a fait voir le triple du désastre, mais revenu de cette panique, vous auriez dû dans le silence du cabinet, faire la part du vertige et de la vérité.

Tous les journaux, ceux mêmes de l'opposition la plus prononcée, se sont accordé à dire comme nous. Le Courrier Français lui-même, peut être un peu piqué du peu d'empressement qu'on a mis à son égard dans les invitations de la fête d'ouverture du chemin, n'a constaté cependant que le même chiffre; quant au reste de ses allégations contre le gouvernement et les entrepreneurs, il nous semble que ce soit le diable disant du mal des saints parce que les saints dédaignent sa louange.

Nous terminerons notre réponse à peu près comme vous terminez votre diatribe, Monsieur; vous dites que M. de Rothschild est monté au Capitole; nous pensons que cette route vous sera encore long-temps inconnue.

Rien n'est beau, rien n'est grand dans le siècle où nous sommes,
La vérité déplaît et la mensonge est tout.
L'envie est acharnée aux actes des grands hommes,
Et son affreux poison se rencontre partout.

FIN.